上海闲话 310

朱贞淼 编著

上海大学出版社

图书在版编目(CIP)数据

上海闲话310/朱贞淼编著. —上海:上海大学出版社,2018.5
ISBN 978-7-5671-3106-4

Ⅰ.①上… Ⅱ.①朱… Ⅲ.①吴语-方言研究-上海 Ⅳ.①H173

中国版本图书馆 CIP 数据核字(2018)第 092084 号

责任编辑　黄晓彦
封面设计　缪炎栩

上海闲话310

朱贞淼　编著

上海大学出版社出版发行
(上海市上大路99号　邮政编码200444)
(http://www.press.shu.edu.cn 发行热线 021-66135112)
出版人:戴骏豪

*

上海颛辉印刷厂　各地新华书店经销
开本 890mm×1240mm　1/64　印张1.75　字数41 000
2018年7月第1版　2018年7月第1次印刷
ISBN 978-7-5671-3106-4/H·342　定价:10.00元

上海大学海派文化研究中心
特别推荐

"310与沪有约"
海派文化传习活动指定用书

"310"是什么

"310"是上海居民身份证号码前三位,即代表上海。

"310"是上海话的谐音"侪要灵",寓意"都要好",追求卓越。

本书按照中小学生交往对象,针对学生日常学习、生活中最常用的对话场景进行内容编排,旨在传承上海话,弘扬海派文化。

弘扬普通话,传承上海话,会说外国话。"310",侪要灵。

目　录

1 同龄篇

游戏(3)　生活(4)　下课(6)　上海小吃(8)　聊天(10)　唱歌(12)　讨论(13)　语言能力(14)　比大小(16)　夜里(17)　寻物(19)　求助(21)　补习(22)　邀请游玩(24)　考试(26)

2 师长篇

班级情况(29)　成绩(30)　帮忙(32)　请假(34)　课后(36)　上海建筑(38)　海派文化(39)　外来语(40)　家庭情况(42)　探病(43)　春游(45)　职业(46)　禁忌语(47)　上海历史(49)　上海俗语(51)

3 家人篇

整理(55)　家庭生活(56)　日常(57)　闲暇时间(58)　家庭教育(60)　闲聊(62)　周末打扫(63)　过年(65)　天气(66)　亲戚来访(68)　送客(69)　烹饪(70)　景点介绍(72)　看望(75)　旅游(77)

4 社会篇

礼让(81)　点菜(82)　救护车(83)　问时间(85)

问路(86)　买菜(88)　购物(89)　理发(91)　坐出租(92)　买火车票(94)　寄快递(95)　物业报修(96)　看病(98)　自我介绍(100)　当志愿者(102)

上海闲话310

1 同龄篇

游 戏

◇ 今朝呒没回家作业,我勿要忒开心哦!
◆ 乃末侬回去好煞煞根根白相了!
◇ 哎,昨日夜里伊发了条老好白相个微信拨我,转拨侬看看好哦?
◆ 好个呀!搿抢一只老行个小游戏跳一跳,侬好白相到几分啊?
◇ 我八十几,越白相会得越急。
◆ 喔唷,毛毛雨了,我好拿到一百多分。

呒没:表示否定。

勿要忒……:后接形容词,表示"非常……、……极了"的意思。

煞根:非常过瘾、满足的感觉。用AABB形式表示强调。

搿抢:这段时期。

行(hhan):风行,流行。

白相:玩。

生 活

◇ 伊拉屋里有得交关漫画书,老好看个! 阿拉一道去看哦?
◆ 好个呀! 听人家讲伊习惯老好个,每天做好功课,铅笔、簿子、书咾啥侪收捉好,从来勿会摊辣海。
◇ 勿像我,台子浪、床浪向个物事侪摊得来一天世界! 阿拉爷娘已经拿我呒没办法了。
◆ 侬还好意思讲哦?

交关: ① 多,很多。今朝作业~。② 很,相当。今朝我~开心。

侪: 全,都。

收捉: 收拾。

咾啥: 等等(表示列举未尽)。衣裳~要摆好。

辣海：① 相当于普通话的"在"。王阿姨~哦？② 相当于普通话的"着"或者"在那儿"。瓣眼小菜留~拨啥人吃啊？

一天世界： 到处都是,非常杂乱,一片狼藉。

爷娘： 父母。

下 课

◇ 侬坐辣海个样子哪能介难看个啦!好好叫坐!要坐有坐相。

◆ 唉,有啥办法啦,我每天六点多钟就起来了。

◇ 阿拉礼拜天一道到虹口足球场去锻炼身体好哦?

◆ 阿拉姆妈昨日发调头了,勿拨我出去白相。伊讲,我作业拍拍满,哪能还好有白相个辰光呢?

◇ 侬搭俚姆妈讲,要劳逸结合,该做功课辰光好好叫做,该放松个辰光也要彻底放松。

◆ 嗯,侬讲了有道理,我回去搞定阿拉娘!

◇ 侬勿要拨我吃空心汤团哦!

◆ 侬放心好唻!答应侬个事体,讲到做到!

发调头：发指示,发命令,发话。
拍拍满：很满。BBA 的形式为形容词的最高级。
辰光：时间,时候。~到了,阿拉走!
吃空心汤团：给予或得到一个不能兑现的承诺。

上海小吃

◇ 今朝阿拉去啥地方白相啊?
◆ 上海好白相个地方实在多,市区也有,郊区也有。
◇ 今朝天蛮冷个,要末还是先兜兜城区,下趟再到郊区去。
◆ 好个呀,反正现在有得老多旅游专线车,阿拉可以拣一条路线乘出去!阿拉去城隍庙,吃吃看正宗个本帮小吃!
◇ 好个呀,侬讲讲看,有眼啥个本帮小吃啊?
◆ 譬如讲小笼馒头、生煎馒头、排骨年糕、冷面、酒酿圆子、汤团、油墩子啥啥,讲起来没底个。侬欢喜吃啥?
◇ 侬讲得来我馋唾水溚溚渧,勿要问了,快点过去再讲!
◆ 喔唷,车子有眼堵嘛,哪能一动勿动个啦,我急煞了。

◇ 是个呀,阿拉越讲肚皮越饿,有两部车子哪能开得来像温吞水一样个啦!

城隍庙:坐落于豫园景区,是上海地区重要的道教宫观,距今约有六百年的历史。

潽潽渧:① 物体充满了水,在往下滴水,或形容眼泪正在往下滴。② 液体洒了一地。地浪向哪能拨侬弄得来~。③ 指穷到极点。穷得~。

有眼:有点。我~物事要拨侬。

温吞水:原指不冷不热的水,引申为不冷不热、不紧不慢的脾气。

聊 天

◇ 明朝辣眼书帮我带过来好哦？谢谢哦！
◆ 好个呀，就上趟侬讲个辣眼书对哦？一句闲话。
◇ 哎，隔壁班级里向有桩事体侬听到过哦？我听讲，隔壁班级里向有个同学，一日到夜白相啥个"吃鸡"游戏，试也考勿出，要留级快哚！
◆ 是个呀，我好像还听人家讲伊出钞票寻枪手哚，啥人帮伊做功课就拨啥人钞票。侬快点去呀，赚眼零用铜钿也好个呀！
◇ 谢谢侬哦，帮帮忙哚，辣种事体好做个啊？
◆ 我跟侬打朋个呀，辣种事体勿好拎勿清。
◇ 我先做功课去了，侬假使讲还有别个事体要寻我，发我微信好了。

一句闲话：行,没二话。

事体：事情。

咪：表示劝听、商量的语气。算~,勿要再争~。

帮帮忙：多用于反语,并不是真的请人帮忙,而是希望别人别添麻烦,别帮倒忙。也可以表示否认、不同意对方的观点。

打朋：开玩笑。

拎勿清：头脑愚笨,不能领会,为人处事不得要领。反义词为"拎得清"。

唱 歌

◇ 来也来了,侬哪能闷声勿响个啦,唱只歌拨大家听听好哦?
◆ 但是我唱大勿来个呀,我怕俺辣耳朵。
◇ 瞎讲有啥讲头,我一直听到侬辣辣厕所间里向唱歌个,唱了老好听个!
◆ 哪能啊?我刚刚只歌唱了好听哦?要我再来只哦?
◇ 喔唷,前头末黏支疙瘩,乃现在末妗夹夹咪!

拨:① 被。我~伊骂了两句。② 给。我~伊一本书。
俺:你们,有时指你。
黏支疙瘩:东西黏糊糊的,也形容脾气性格不爽快。
妗(xi)夹夹:轻浮不稳重,喜欢炫耀。

讨 论

◇ 侬掰个字哪能写得来七歪八牵个啦！侬看看我写个,好看哦!
◆ 算了哦,侬个水平我会得勿晓得个啊? 阿拉两介头是脚碰脚个。哎,侬掰块橡皮蛮好看个嘛,啥地方买个啊? 我老欢喜个。
◇ 喏,送拨侬,阿拉接翎子哦,勿要忒上路哦!

七歪八牵：不整齐,不端正。
两介头：两个人,一对。
脚碰脚：差不多,(水平)相当。
接翎子/豁翎子：领会暗示/给暗示。
上路：做事通情达理;够朋友,讲义气。

语言能力

◇ 侬上海闲话讲了蛮好个嘛,是啥地方学个啊?
◆ 我是从小就会得讲个。上课辰光使用普通闲话,下课啊,到屋里啊,就侪好讲上海闲话了呀!
◇ 我也想讲好上海闲话,学起来难哦?
◆ 用勿着特为去学啥,我觉着侬下课也跟牢阿拉一道讲起来,就会得越讲越好个!
◇ 对个,阿拉既要弘扬普通话,也要传承好上海闲话,还要会得讲英文,掰个再是语言能力个体现!
◆ 是个。我也觉着哦,一个城市,越是大,越是开放,就越是要科学个保护好本土个特色跟语言文化。

特为：特地,故意。
阿拉：我们,有时指我。

比 大 小

◇ 侬是阿里一年生个？阿拉来比比看啥人大。
◆ 二零零二年,侬呢？
◇ 我也是个呀！看来要比较月份了咯？我是四月份,侬呢？
◆ 看来侬要喊我阿哥了嘛！我是一月份生个,属蛇。
◇ 喔唷,葛末看来侬是过年前头生个,我属马。

阿里：哪,哪里。
葛末：那,那么。侬勿欢迎我,~我就勿来了。

夜 里

◇ 侬一般性夜里向做啥啊?
◆ 总归是先做功课咯,我一般性要做到十点半敲过,侬呢?
◇ 我每天㑚拨作业搞得来七荤八素。明朝放学阿拉一道做好哦?有啥问题还好问问侬,侬有啥个好办法要告诉我哦!
◆ 好个呀!侬做作业个辰光勿要白相手机哦!我㑚是功课统统做好以后再白相个,调剂调剂嘛。
◇ 噢,晓得了。葛末侬大概几点钟眠个呢?
◆ 基本浪十一点钟横里哦,也勿好忒晏。

敲过:(某时刻,多用整点)略超过,刚刚过了一点时间。我是五点~到个。
七荤八素: 头昏脑胀,糊里糊涂。

横里：（数量）左右。今朝来了十个人~。

晏：晚。

寻 物

◇ 啊呀,我个手机寻勿着了!
◆ 侬先勿要急,先想想看,最后一趟用是啥地方,啥辰光?
◇ 前头吃中饭个辰光,我还刷过朋友圈咪!
◆ 葛末侬下半日去过啥个地方?
◇ 噢,我想起来了,前头辣图书馆借书,物事忒多,大概就忘记辣图书馆了。
◆ 喏,侬用我个手机打打看,快点问问!
◇ 电话通了,没关机,看来有希望!"喂喂,……噢,谢谢谢谢!"喔哟,啐一啐!我手机寻着了!人家工作人员帮我收好咪!
◆ 侬哪能介投五投六个啦?

下半日:下午。
辣:在。侬~屋里哦?

物事：东西。阿拉屋里~老多个。
哞一哞：突然受惊时的自我安慰用语。
投五投六：做事冒冒失失,没有头绪的样子。

求 助

◇ 侬明朝放学有空哦？来我屋里向帮我装只软件好哦？
◆ 装软件介便当个事体，光盘一塞就好了呀！
◇ 我只电脑没光驱个，哪能办？
◆ 要末侬网浪向下载安装软件，要末侬光盘拨我，我拷到 U 盘或者移动硬盘里再拨侬。
◇ 要请侬上门也介难，侬真是架子大唻！
◆ 侬勿要嘲我，我也是三脚猫。

明朝：明天。
便当：方便，容易。
三脚猫：似乎什么都懂，但样样都不精通。也指这样的人。

补 习

◇ 侬双休日忙哦?爸爸妈妈帮侬报了眼啥个补习班啊?
◆ 哦哟,我双休日是忙透忙透,从礼拜五夜里向开始,一直到礼拜天,侪是个补习班,像乐器啊,主课啊,还有别个各种兴趣班。
◇ 阿拉学生子现在侪一样个。葛末侬每个礼拜孵能上,吃力哦?
◆ 我倒觉着还好。因为有种课我是蛮欢喜个,蛮感兴趣个,我从小就开始上了,上到现在也好几年了,要坚持下去。
◇ 听说阿拉爷娘小辰光吃没介许多补习班个,就拿希望侪寄托辣阿拉身浪。
◆ 是个呀,阿拉爷娘还算好,我听说有种爷娘哦,辣辣自家小人身浪向个投资是勿惜一切代价。

◇ 交关小朋友,吃了好,穿了好,勿做家务,勿会劳动,一门心思读书,实际浪对成长也是呒没好处个。
◆ 反正我觉着,自家吃得消个情况下头,多学眼物事,倒也勿是啥坏事体。
◇ 是个。老师也一直讲,知识是辣辣自家脑子里个,人家抢勿走个。

……透……透:加入动词或者形容词,表示"……得很,……极了"。我对伊是恨~恨~。

介:表示程度,修饰形容词,这么。今朝哪能~热个。

邀请游玩

◇ 哎,马上要放假咪,侬双休日有空哦? 阿拉一道出去白相相。

◆ 空是有个呀,葛末去做啥呢? 又是看电影、唱歌啊? 已经白相了厌脱咪!

◇ 当然勿是。现在天气冷,阿拉再叫眼人,一道去外头汏浴!

◆ 现在家家屋里侪有浴缸或者是淋浴房,没人再出去汏浴了哦?

◇ 讲侬书读戆脱了哦! 现在老行个,泡汤,就是泡温泉!

◆ 哦哟,我晓得个呀,大冷天去泡泡,大家一道吃吃物事茄茄山河,也蛮开心个! 葛末侬来组织,我一定去!

脱:跟在动词后面,表示结果。买个物事退勿~。菜已经侪吃~了。
厌脱：厌倦。
汏浴：洗澡。
茄山河：聊天，闲聊。

考 试

◇ 明朝就要考试了,倷准备好了哦? 我辩趄蛮抖豁个。辩两天㑚呒没空复习,乃末大概要死蟹一只了!

◆ 唉,反正伸头一刀,缩头一刀,考了过得去就好了。

◇ 现在个社会哦,就欢喜考试,迷信考试,好像光看考试成绩就好决定一个学生子个好坏。

◆ 是个呀,老师末拼命出考卷,爷娘末拼命出钞票买参考书,阿拉要变成功考试机器喽!

抖豁: 害怕。

死蟹一只: ① 事情办糟,不可挽回。侬辩桩事体做了辩能,乃哪能办? 真是~了! ② 一切无指望,束手无策。我本来就靠数学拉分数个,辩趄数学也没考好,乃末~了。

上海闲话310

2 师长篇

班级情况

◇ 张老师早！今朝班级里向有眼情况我想搭侬反映反映。
◆ 嚎？是啥个情况？
◇ 辫抢,阿拉同学之间好像辣辣文具、服装方面有眼别苗头,我觉着勿好。
◆ 嗯,侬讲了老对个,我会得注意个,攀比个风气勿好有。

嚎： 平升调,读音如上海话"号"。相当于"真的吗"的意思,往往带有惊讶味。
别苗头： 比高低,互相较劲。

成 绩

◇ 小晴,侬辫趣测验成绩哪能啊?

◆ 哈哈哈,小雨辫趣考试呒没考好哎,伊平常侪好进前三个。乃末我就第三名哞,回去妈妈又好奖励我了!

◇ 勿要骨头轻,几岁个人啦?还介小儿科!人家小雨就比侬识相多了,老师一光火,伊就一声勿响了,侬还是嘻嘻哈哈。

◆ 是个,伊倒老会得看三四个。

◇ 伊是侬学习个榜样。侬要跟有腔调个小朋友轧道,自家也会得有腔调。

骨头轻:不稳重。

小儿科:引申为不起眼、很简单的事情或是做小孩般幼稚可笑的事情。

看三四:见机行事,看情况灵活处事。

有腔调：人的行为举止时髦潇洒,有个性有风度,有内涵有气质,品位上档次;也指事情做得有章法,像样,样子好。

轧道：交朋友。

帮 忙

◇ 我喊侬做个事体侬侪做好了哦?
◆ 我统统做好了,嗜,侬看呀! 犒块黑板是我揩个,老师,清爽哦?
◇ 一块黑、一块白,等歇重新揩,揩揩清爽。班级里向个小小图书馆布置好了哦?
◆ 我也布置好了。侬看,就辣犒只角落头。
◇ 侬看犒眼书,要按照大小来排,否则就像狗啃个一样,一眼也勿好看。
◆ 老师,侬为啥每桩事体侪要来捉我扳头啦!
◇ 犒个勿叫捉侬扳头! 犒个是为了侬好,希望侬事体要末勿做,要做就要做做好。做也做了,还要拨人家讲,退招势哦?

嗜:平升调,读音如上海话"脑"。表示"你看"的意思,有指示给对方看的意思。

捉扳头：找茬。

退招势：丢脸,坍台。

请 假

◇ 喂,请问是徐老师是哦?
◆ 是个,请问侬是阿里位?
◇ 徐老师夜里好,我是张燕。
◆ 张燕啊,侬介晏寻我有啥事体哦? 声音听起来好像勿大适意嘛?
◇ 嗯,是个,徐老师。我生毛病了,估计明朝个课勿好来了。
◆ 哪能了啦? 我看侬昨日还蛮活络个,今朝上课就有眼像煨灶猫了。
◇ 是个呀,今朝日里向就开始勿适意了,放学辰光越来越结棍,去医院检查了,是感冒加发寒热。咳嗽、鼻涕、头浑、嗒咙痛、浑身酸痛、没力道。喔唷,勿谈了。
◆ 寒热发到几度啊?
◇ 38度8。

◆ 蛮高个嘛,葛末侬好好叫休息,明朝就勿要来上课了。

◇ 好个,谢谢徐老师,上课个内容还有得功课,我会得侪补起来个。

◆ 侬先拿身体养好,养好之后再讲。

活络:① 筋骨、器物衔接处松动。我瓣粒牙齿有眼~了,估计要落脱了。② 灵活。伊头子~(脑子聪明),兜得转。③ 不确定。侬闲话讲了介~,到底算啥意思。

煨灶猫:精神不振,一副倦态,像靠煨在灶头上的猫一样。

日里:白天。

咔咙:喉咙。

课　后

◇ 李欣啊,辣两趟测验,侬成绩好像有眼下降嘛,是哪能回事体啊? 是勿是读书上头碰着啥问题啦?

◆ 老师,辣抢个算术有眼难,我天天要做到老晏,有种题目我勿晓得哪能做,爸爸妈妈上班又忙,我也勿好意思去问伊拉。好像有眼吪没信心了,老师,哪能办啊?

◇ 李欣啊,算术老重要个,是应该要学好个。首先,侬要坚持每天练习,熟能生巧。侬觉着简单个,自家已经掌握个题目,可以少做一眼,多做做比较难个题目。

◆ 但是难个我又做勿出,哪能办啦?

◇ 侬好先看看前头个例题,想想自家学过个知识点,假使讲实在想勿出,侬好来问我。记牢,千万勿要失去信心哦! 侬是肯定没问题个！加油！
◆ 嗯,好个,谢谢老师！我今朝回去就整理一下题目,明朝就来问侬。

哪能：① 怎么。侬~过来？② 怎么样。辫件衣裳~啊？
今朝：今天。

上海建筑

◇ 老师,我觉着,做人要大方,有派头,上海个交关建筑也老有派头个!
◆ 嚎? 侬倒讲讲看!
◇ 譬如讲,外滩搿搭个建筑,派头老大个。每一幢楼,侪有自家个设计风格,也有讲勿光个故事。
◆ 侬倒蛮懂经个嘛! 下趟请侬来讲讲!
◇ 好个,我回去好好叫准备准备。

有派头:指人外表或做事大方有型,或者指事物非常气派。

懂经:精通,对各种知识比较了解。

海派文化

◇ 老师,到处辣宣传海派文化,到底啥是海派文化呢?

◆ 海派文化就是上海1843年开埠以后,辣辣近代商业形成搭仔发达个基础下头产生个一种新个都市商业文化,搭传统个农业文化勿一样。

◇ 葛末海派文化有啥特点呢?

◆ 中西融合,海纳百川,思想活跃,风格多样,继承传统,开放创新。

搭仔:和、跟。

外来语

◇ 上海是个世界性个国际化大都市,上海闲话当中吸收了大量个外来语,侬好举出来眼例子哦?

◆ 我先来讲讲看吃个。早饭吃个土司、白脱油,就是英文个 toast,butter。平常吃个馋痨物事,像布丁、巧克力、冰淇淋、牛轧糖咾啥,侪是从英文来个。

◇ 好个,吃个讲了勿少,葛末用个呢?

◆ 我再来讲讲看别个。法兰绒、茄克衫是穿个,马达、引擎、沙发、水门汀、司必灵锁、麦克风、老虎天窗,侪是平常生活当中碰得着个。

◇ 为啥叫老虎天窗? 有得老虎爬出来个?

◆ 勿是个,老师,是从英文个 roof 音译过来个。

土司：面包片上抹一层肉糜,然后油炸而成的面饼。英语 toast 的音译。

白脱油：黄油。白脱,英语 butter 的音译。

布丁：用面粉、牛奶、鸡蛋、水果等制成的西餐点心。英语 pudding 的音译。

巧克力：英语 chocolate 的音译。

冰淇淋：夏季冷饮之一。英语 icecream 的意译和音译。

牛轧糖：一种奶糖。牛轧,英语 nougat 的音译。

法兰绒：正反两面都有绒毛的毛织品,质地柔软。英语 flannel 的音译。

茄克衫：一种两用衫。茄克,英语 jacket 的音译。

马达：电动机。英语 motor 的音译。

引擎：发动机。英语 engine 的音译。

沙发：英语 sofa 的音译。

水门汀：经加水和黄沙拌和干燥坚硬后的水泥板。英语 cement 的音译。

司必灵锁：弹簧锁。司必灵,英语 spring 的音译。

麦克风：话筒及传声器的通称。英语 microphone 的音译。

老虎(天)窗：屋顶之上加开的窗。老虎,英语 roof 的音译。

家庭情况

◇ 小田,我今朝想了解了解俚屋里向个情况。俚屋里一共有几个人啊?
◆ 老师,一共有得三个人,就是爸爸、妈妈还有我。
◇ 葛末侬个外公外婆呢?
◆ 伊拉是自家蹲,但是阿拉也经常走动个。
◇ 嗯,辣点蛮好! 葛末屋里向是啥人比较忙啊? 啥人回来比较晏?
◆ 爸爸回来晏。我觉着爸爸是外头忙,妈妈是屋里忙,两介头侪辛苦个!

屋里向:家里。我十点钟刚刚回到~。
蹲:居住,暂留。

探 病

◇ 王老师啊,昨日侬哜没来上课,阿拉今朝刚刚晓得侬生毛病了,一放学阿拉几个同学就讲好,来看看侬!

◆ 唉,一眼眼小毛病,还要麻烦倻来看我,真是勿好意思。

◇ 王老师啊,侬身体一直老好个,哪能辫趟一记头……

◆ 是个呀,岁数上去了,老早仔一直老好个,辫趟辣末生头就发毛病了。

◇ 侬忒辛苦了,为了阿拉一直加班批作业备课,双休日也出松了,侬一定要当心身体哦!

◆ 嗯,谢谢倻! 身体真个是顶顶重要个。我接下来也要加强锻炼了。倻虽然年纪轻,但是也要注意身体哦!

◇ 嗯,谢谢王老师,侬好好叫休息,祝侬早日康复!

一眼眼:一点点。
一记头:一下子。
辣末生头:冷不防,突然。
出松:原指东西损坏而抛弃,引申为失去,带有遗憾的感觉。辫眼家生统统~。

春　游

◇ 明朝阿拉出去春游哦!
◆ 噢,忒开心了!
◇ 明朝阿拉是去龙华……
◆ 啊? 哪能去烧香啦?
◇ 侬急啥? 我闲话还没讲光。阿拉要去个地方,就辣辣龙华寺个贴隔壁,就是龙华烈士陵园。
◆ 噢,葛倒呒没去过。要准备啥物事哦?
◇ 准备好侬个心,明朝要带好一份真诚个心,去参观龙华烈士陵园。到辰光,我会得详细介绍陵园个,侬要认真听,回来写眼感想。

欧:高降调。① 表示幸灾乐祸。~,伊笔又落辣地浪喽! ② 表示喜悦,满意。~,我考试通过喽!
贴隔壁:隔壁,只一道墙之隔。

职　业

◇ 王琴,侬想过哦,大起来想做啥个职业?
◆ 阿拉爸爸是银行里做个,阿拉妈妈是老师,伊拉侪希望我大起来做跟伊拉一样个工作。
◇ 葛末侬自家想过哦? 侬欢喜做辪两只工作哦?
◆ 我要靠自家个本事,勿要隑爷娘个排头。我从小学习乐器,也蛮欢喜个,我倒蛮想大起来做做表演方面个工作。
◇ 有理想是蛮好个,但是侬要晓得,辪条路蛮苦个哦! 功成名就之前要吃蛮多苦个!
◆ 没关系个,老师,我晓得个,我也打算好吃苦了! 我勿怕!

隑排头:倚仗靠山。

禁忌语

◇ 今朝阿拉来聊聊上海闲话当中比较有劲个事体。譬如讲,为啥"鹅"要叫"白乌龟"？有人晓得哦？

◆ 老师,我晓得个！因为"鹅"搭"我"是同音个,杀"鹅"、吃"鹅"变成功杀脱"我"自家、吃脱"我"自家,忒勿吉利了,鹅又是白颜色个,就叫"白乌龟"了。

◇ 回答了非常好！去看望老年人,送礼有一样物事是忌讳,侬晓得是啥哦？

◆ 我晓得个！是钟！因为"送钟""送终"同音个,要避讳个。

◇ "门腔",是啥物事？提示:是吃个。

◆ 老师,我晓得,"门腔"就是猪猡个舌头。因为"舌"跟"蚀本"个"蚀"同音,做生意个人嫌比勿好听,就改名叫"门腔"。

◇ 大家侪讲了蛮好。不过现在个社会越来越开明,大家也更加相信科学,勿再迷信,辂种介个禁忌语也使用了越来越少了。

猪猡:猪。
嫌比:嫌。我~伊汏了勿清爽。

上海历史

◇ 阿拉瓣搭,大多数侪是土生土长个上海小朋友。倷对上海个历史了解多少?

◆ 老师,我晓得一眼。上海个历史勿短个。青浦有条路叫崧泽大道,辣辣崧泽地区发现了上海古文明个遗迹,出土了一眼文物,据考古学家考证,离开现在已经有五千多年了。

◇ 讲了老好个! 葛末上海个名字是哪能来个呢?

◆ 老师,我来讲。上海个一只简称"申",是来自于当时辰光个春申君。上海个另外一只简称"沪",是来自于当时辰光渔民发明个一种捉鱼个工具,叫"扈"。至于上海辣只名字,是来自于当时辰光松江上头个一条支流,叫上海浦,旁边就是上海镇,还有下海浦,现在还有一只"下海庙",名称里向有保留。
◇ 小朋友个了解老透彻个嘛。上海个近代史大家晓得哦？有一只年份大家要记牢，就是1843年。瑎个是上海开埠个辰光。啥个叫开埠？
◆ 就是鸦片战争以后,城市开放为通商个口岸。
◇ 嗯,是个。关于上海个近代史,有得好聊了,阿拉下趟继续聊！

瑎搭：这里。

上海俗语

◇ 现在小朋友个上海闲话哦,侪洋泾浜了勿得了。

◆ 勿要乱话三千,我觉着我就讲了还蛮好个。因为我从小就会得讲,相信长大之后也勿会忘记脱。

◇ 讲了好当然好,但是对于上海闲话个俗语,也要用了熟练,特别是有种俗语,顶好还讲得出来历。

◆ 葛末侬来考考我。

◇ 我先问侬,"洋泾浜"迭个词,是哪能来个?

◆ "洋泾浜"本生是上海个一条河浜,就是现在个延安东路。河浜个一边是外国人,另外一边是上海人。当时辰光为了交流,就产生了一种老有劲个语言,叫"洋泾浜语"。
◇ 我刚刚讲个"洋泾浜"是指上海闲话讲了勿好。葛末辩个意思是哪能引申个呢?
◆ 因为本来个"洋泾浜语"就是一种杂交语,就是上海闲话枪英文,语法、词汇老简单个,大家双方侪好听得懂,能够交流。后首来嘛就拿辩种语音啊、语法啊侪讲大勿清爽个语言,统称为"洋泾浜"。

洋泾浜:原为今延安东路处一条小河,19世纪后期和20世纪初期,因华洋杂处,将通用一些上海话化的英语称为"洋泾浜语"。今也称讲夹杂汉语的不通的外语为"洋泾浜"。又引申为"外行"。辩个事体啊,我是~,就辣旁边看看好了。

乱话三千:乱说,胡说。

枪:为记音字,意思为混合。冷水热水~辣一道,就变成功温水了。

后首来:后来。

3 家人篇

整 理

◇ 央央,明朝就要开学了,侬个书包呢? 理好了哦?
◆ 我个书包辣搿搭,已经理好了,我每天睏觉前头侪会得理好个。
◇ 葛末搿本书哪能还辣外头啦?
◆ 妈妈,搿本是童话书,老好看个,我老欢喜看个。我就摆辣床横头,睏觉前头翻翻。
◇ 好个,理物事就要好好叫理,勿好淘浆糊个哦! 开学了,就要收骨头了,心思勿好再野了哦!

睏觉:睡觉。
床横头:床边。
淘浆糊: ①混日子;②马马虎虎,敷衍搪塞;③乱说一气。
收骨头: 开始严加管束,不得松垮。

家庭生活

◇ 妈妈,我今朝真个是霉头触到哈尔滨哦!
◆ 哪能了啦?
◇ 早浪向揩面,热水龙头坏脱,出门又别了一跤,到了学堂吃牛奶,又翻辣身浪向。
◆ 哈哈,倒过来讲,侬今朝是额角头碰着天花板了,坏事体侪碰着,明朝考试一定呒没问题个!

霉头触到哈尔滨:极言倒霉。距离越远表示越倒霉。另有"霉头触到西伯利亚"的说法,程度更深。
额角头碰着天花板:极言侥幸到头,运气极好。

日 常

◇ 姆妈,侬勿要介小气呀!现在条件跟老早勿好比咪!

◆ 搿个勿是小气,是叫做人家,该用个辰光就用,该节约个地方要节约,勿好铺张浪费。

◇ 搿种侪是老观念咪!阿拉现在又勿是缺钞票用!

◆ 现在条件是比老早好了,但是有句老古闲话讲,吃勿穷,着勿穷,算计勿通一世穷。意思是讲,正常用钞票辰光呒没必要老抠个,但是也要学会理财,要学会把家。侬懂了哦?

◇ 哦,我明白了!

老早:很久以前,从前。
做人家:节俭。
抠:抠门,小气。

闲暇时间

◇ 爸爸,上趟买个糖辣啥地方?
◆ 做功课要一门心思,做好再拨侬吃!
◇ 爸爸,我功课已经侪做好了,侬看喏!
◆ 侬只小鬼!辣辣食品柜里,侬自家去拿,勿好吃忒多!
◇ 晓得了!葛末足球比赛是夜里向几点钟开始啊?
◆ 侬倒蛮会得得寸进尺个嘛!要看足球比赛可以,明天要上的课再去预习一遍,外加今朝个夜饭侬来搞。
◇ 好好好。
◆ ……
◇ 哪能啊?今朝我烧个小菜上得了台面哦?
◆ 嗯,有进步,继续努力,下趟争取再翻翻花头!

◇ 爸爸,电视机开勿开了,侬快点来看呀,哪能回事体啦?
◆ 关键辰光还是要喊俺爷哦!

一门心思:专心致志。
辣辣:相当于普通话的"在"。侬~做啥?
上台面:事物的品质较高;人举止谈吐落落大方。
翻花样:经常有新的花样、招数。

家庭教育

◇ 小思,小思!
◆ 啊?
◇ 哎,喊侬哪能听勿见个啦?侬耳朵打八折个啊?
◆ 姆妈啥事体啦?
◇ 侬还问我啥事体?我刚刚烧好个小菜,眼睛一霎,老母鸡变鸭,只挺半盆了。是侬个杰作哦?
◆ 姆妈,我肚皮饿了呀……
◇ 肚皮饿也勿好辣能个呀,至少先摒一摒,等大家侪坐下来一道吃。侬辣种腔调,出去就老坍台了。下趟勿允许辣能,听到了哦?
◆ 噢,我晓得了。
◇ 好了好了,勿要立辣辣搭碍手碍脚个,帮

忙事体做起来,筷子调羹咾啥摆起来!

啊:平升调,读音如上海话"鞋"。表示"你说什么呀"的意思,希望对方再说一遍。
耳朵打八折:常用于责怪对方没有听清自己的话。
眼睛一霎,老母鸡变鸭:极言变化之迅速。
坍台:出丑,丢脸。
挺:为记音字,意思为剩余。
碍手碍脚:妨碍别人活动,给人带来阻碍。

闲 聊

◇ 侬哪能身浪向介龌龊个啦!
◆ 我今朝日里向勿当心掼了一跤,四脚朝天哦,不过人倒一眼呒啥啥。
◇ 哪能介勿当心个啦!几岁个人了,还像小朋友一样。
◆ 我去开洗衣机。哎,洗衣机里还有眼龌龊衣裳,我就一道汏脱了哦!

掼: ① 扔,丢。~脱交关书。② 摔,跌。
四脚朝天: 趣言背臀向地、双手双脚朝天的模样。
一眼呒啥啥: 一点也没有什么。

周末打扫

◇ 姆妈,我功课已经侪做好了呀,白相一歇哦!
◆ 来来来,帮爸爸妈妈来做眼家务。做好再拨侬白相。
◇ 唉呀,哪能又要做家务了啦,我已经老吃力了,再讲,上个礼拜勿是刚刚做过嘛。
◆ 侬昨日饭也刚刚吃过呀,哪能讲辣种闲话!侬是屋里向个一份子哦?屋里向个事体侬当然也要参与个咯!
◇ 好好好,我来做。
◆ 要好好叫做哦,做了好,侬拣一只地方,明朝喊爸爸带侬一道去白相。
◇ 真个啊?来,有啥事体就笃定交拨我!
◆ 眼辣海个衣裳先去收脱,捅脱,摆脱,接下来拿水斗里向个中饭碗盏汏一汏。最后拿自家房间弄弄清爽。
◇ 好个!

拣：挑选。
眼：晾。天气好,衣裳~出去。
笃定：心中安定,踏实不慌。
拐：折叠。

过 年

◇ 爸爸,哪能睏两年过年,炮仗声音也听勿到个啦?

◆ 最近几年啊,为了防止火灾搭仔保护环境,外环线以内侪勿允许放炮仗了。

◇ 啊呀,乃朝末五颜六色个烟火看勿到哩。过年个味道也淡脱了。我假使讲想放炮仗哪能办呢?

◆ 侬也看到个,放炮仗个辰光会得出来老多烟个,睏眼烟对空气也有得一定个污染。假使讲侬想闹猛,阿拉到外环线外头去稍许放放意思意思。

炮仗:鞭炮。
乃朝末:现在。
五颜六色:各种颜色交杂。
闹猛:热闹。

天 气

◇ 搿两天老是落雨,响势了勿得了。
◆ 我听气象预报讲,冷空气要来了。冷热空气交汇,就会得落雨。侬衣裳要多穿点啊!咦?侬哪能像刚刚汰过浴啦?
◇ 我今朝出去洋伞吪没带,衣裳淋了溚溚渧,一到屋里就去汰浴了。
◆ 侬哪能介脱头落襻个啦,真个是要吃生活快了!上趟仔也是个,伞勿带,回转来重感冒加发寒热,侬忘记脱啦?
◇ 我晓得了,姆妈,下趟勿会了,勿要再牵我头皮了。

响势:难以名状的难受。

脱头落襻:本义指器物损坏不完整,现多指说话做事丢三落四。

吃生活：挨打。
牵头皮：揭短,提起或数落别人一个旧过失、把柄或已改正的缺点。

亲戚来访

◇ 舅舅舅妈,倷哪能来了啦?
◆ 来看看倻呀! 爸爸妈妈呢?
◇ 伊拉正好到超市里向去买物事。我来招待倻! 倻吃啥个饮料? 茶还是咖啡啊?
◆ 倷现在越来越懂事体了嘛,倷先勿要忙,先泡两杯茶叶茶好了。倷辣抢读书忙哦? 成绩还好哦?
◇ 嗯,我辣抢蛮好个! 游戏也白相了少了!
◆ 嗯,倷倒蛮自觉个嘛!

伊拉:他们,她们。
懂事体:懂事。

送 客

◇ 外公外婆,俚要走啦?再坐脱一歇好唻!
◆ 勿坐了,勿坐了,阿拉看到俚一切侪好,也就放心了!侬自家学习要上心哦!
◇ 嗯,我晓得了!外公外婆我来送送俚!
◆ 勿要送得个,阿拉自家走。
◇ 葛末我送俚到电梯间。我过两个礼拜就来看俚哦!俚自家也要当心身体哦!
◆ 好个,有空来外婆屋里白相,外婆烧好小菜拨侬吃!
◇ 外公外婆再会,路浪当心哦!

自家:自己。
两:根据连读变调的不同,既可确指"二",也可泛指"几,若干"。

烹 饪

◇ 姆妈,侬烧个小菜味道老好个,我也想要烧好小菜拨俺吃!

◆ 好个呀! 不过,首先侬要对烧菜手法有了解。上海海纳百川,江南江北各种小菜侪有,烹调个方法,也有各种各样。

◇ 好! 姆妈侬讲讲看,有眼啥个烧法?

◆ 譬如讲,火腿要隔水"蒸",虾仁要一"炒"就盛起来个,带鱼干"煎",茭白油"焖",咸菜"煸"好再放汤,油条是"氽"个。侬还晓得眼啥个烧法?

◇ 我想想看哦。毛豆子好像是讲"煤"个,蹄髈好像是讲"笃"个,还有"烘"大饼,蛤蜊"炖"蛋,"走"油肉!

◆ 嗯,讲了老好个。我有空再搭侬讲讲辣眼做法之间个区别哦!

小菜：下饭的菜肴；菜场上的蔬菜和副食品。
老：很，非常，真，通常与"个"连用。侬个衣裳～漂亮个。
炒：将食物放锅中加热并随时翻动使熟，炒菜时要先放油。
焖：紧盖锅盖，用微火把食物煮熟或炖熟。
煸：把菜、肉等放在热油中略为炒一炒。
氽：漂浮在油中炸。
煠：把食物放在沸水或沸油里烧煮。
笃：用文火熬煮。
烘：用火烤的方式使食物变熟变干。
炖：隔水蒸熟。

景点介绍

◇ 小萍啊,我是廿几年前头来个上海,现在变化哪能介大个啦!侬好再搭我介绍介绍哦?

◆ 好个呀!阿拉先看上海个市中心,人民广场。当中是上海市政府,两旁边是上海大剧院搭仔上海城市规划展示馆,对过是上海博物馆,侪是上海个标志性建筑。

◇ 老早仔个人民公园呢?

◆ 人民公园还辣海,就辣旁边,就是稍为小了点。

◇ 我走个辰光还辣辣造地铁1号线,现在个线路已经像蜘蛛网能介了嘛!

◆ 是个呀,一直辣辣造,每年侪有新个线路开通。像最新开通个17号线,好到青浦,乃末去朱家角啊,东方绿舟啥啥就老便当了。上海现在个地铁真个是四通八达!
◇ 前两天,我经过一大会址此地,哪能变得唻一眼也勿认得了啦!
◆ 是个呀! 辪搭老大一块地方,本来侪是石库门,统统动迁脱了,造了只绿地,叫太平桥绿地,周围侪是购物中心。
◇ 老早辪搭就像"七十二家房客",大家侪是用马桶个。现在统统拆光啦? 石库门是上海建筑个特色,应该保留一眼个呀!
◆ 还是有个。侬看对过有一排石库门房子,外头看上去是旧弄堂,里向开了交交关关小店。就辣辣一大会址旁边,就是上海个"新天地",里向老有情调个,老多外国人欢喜去。
◇ 喔唷,倒蛮别出心裁个嘛,旧个新个融合辣一道。有空一道去白相相,感受感受!

老早仔:以前。

乃末:这样的话,这下子。在说话遇到语塞时,一般连续时使用。

石库门：上海特色的弄堂建筑,一种砖木结构的房子,有前楼、后楼、天井、客堂间、亭子间,门边用石条砌成。

交交关关：很多,非常多。

看 望

◇ 外婆拉屋里长远勿去了。外公外婆现在退休辣屋里,阿拉要经常去看看伊拉,否则伊拉要厌气个。

◆ 好个呀,葛末阿拉今朝一家门一道去好哦?

◇ 欧,忒开心了!阿拉要买眼啥物事过去呢?

◆ 妈妈已经侪准备好了。一袋苹果,一眼半成品小菜。阿拉是去看看外婆,顺带便帮伊眼忙个,勿是去添伊拉麻烦个。侬千万勿好讨手脚哦!

◇ 晓得了!侬拐个苹果看上去老灵个嘛!

◆ 是个呀,新鲜个,刚刚买得来个。

◇ 哎,姆妈,勿是讲苹果勿好送个嘛,勿吉利个。

◆ 老早仔是有搿种讲法个,尤其勿好送生毛病个人,因为跟"病故"同音。外婆思想老开明个,勿要紧个。苹果顶顶健康味!

◇ 好个好个,阿拉快点走,外婆烧个小菜老好吃个,我最欢喜吃外婆烧个罗宋汤味!

厌气:闲着无聊而感到寂寞。
一家门:一家人,全家。
讨手脚:给人添麻烦。

旅　游

◇ 上海也是江南水乡,周边有得老多古镇,侬晓得有眼啥个哦?
◆ 辣个侬考勿倒我。光上海就有得交关。譬如讲七宝、新场、朱家角、枫泾咾啥,上海周边还有得周庄、乌镇、同里、甪直等等。
◇ 嗯,回答了蛮好。但是啊,上海还有勿少古镇相对来讲比较冷门,我来告诉侬哦!朱家角再下去,有只金泽古镇,奉贤个庄行,也非常有名,还有羊肉节。嘉定还有两只古镇,第一只是南翔。
◆ 南翔勿是吃小笼馒头个嘛!
◇ 讲到吃侬就来劲了。南翔个路名也蛮有特色个,民主啊,解放啊,辣种,带有老多个红色印记。还有得正宗个弹硌路。

- ◆ 葛末还有一只呢?
- ◇ 还有就是安亭。侬勿要当仔安亭只是造汽车个,伊也有得老街,也是老漂亮个。侬今朝想去啥地方呢?
- ◆ 要末还是去南翔好了,又好兜又好吃!
- ◇ 就晓得侬只馋痨胚要去南翔。

馒头:吴语中原没有"包子"的称呼,"包子"和"馒头"在上海话中都称"馒头"。

弹硌路:一种在上海常见的小路,路面由高低不平的小块花岗石或鹅卵石铺成。车行常弹起,人行常硌脚。

馋痨胚:口馋者。

上海闲话310

4 社会篇

礼 让

◇ 谢谢侬让一让我好哦?
◆ 噢,好个呀! 侬好走哦?
◇ 喔唷,勿当心撞到侬了,对勿起哦!
◆ 勿要紧个,挎搭路本来就老狭个。

喔唷:表示惊讶、感叹、赞叹等。~,侬真了勿起!
狭:狭窄。

点 菜

◇ 小朋友侬好,侬想点眼啥个菜?
◆ 倻搿搭啥个菜最出名?
◇ 椒盐鸭下巴,每天要卖脱交关。
◆ 好个呀,来两只。侬看是蚝油牛肉好还是咖喱牛肉好?
◇ 侪蛮好吃个,要末侬先吃吃看蚝油牛肉?
◆ 好个呀!再来只主食,侬推荐一只。
◇ 云吞面好哦,老鲜个。
◆ 好个呀!荤菜好几只了,再点只素菜!金针菇好味。先搿眼,要再寻侬加哦!

寻:找。

救护车

◇ 喂,120 是哦？阿拉辣搭有个老人㧳倒了,㑚快点派救命车来！
◆ 好个,请准确告诉阿拉㑚个地址。
◇ 宝山区新台路 2028 弄 19 号。快点过来哦！
◆ 刚刚是㑚报个 120 对哦？
◇ 是个,估计是辣两天忒热了,老人中暑了大概。
◆ 阿拉现在马上送医院。小朋友㑚要一道去哦？
◇ 要个要个！辣搭没别人了,我发现个我要负责到底！……医生啊,情况哪能啊？有啥生命危险哦？
◆ 病人需要输血。伊是 AB 型血。
◇ 输我个血好唻,我正好是 AB 型个。

孲：这。但是上海话中不能用做指示代词,只能用做指示词。比如,可以说"孲个是我个",但不能说"孲是我个"。

一道：一起。

问 时 间

◇ 勿好意思我问问看,现在是几点钟啊？我今朝手表、手机侪忘记脱带出来了。
◆ 现在是九点半。
◇ 噢,好个,来得及个。谢谢侬哦！

问　路

◇ 请问到上海电视台哪能去啊?
◆ 侬好乘地铁,最后调到地铁 2、12、13 号线,乘到南京西路下来,再走过去一眼眼路,一幢老有派头个建筑就是了。
◇ 我搿搭附近好像没地铁,假使讲乘公交车呢?
◆ 侬搿搭乘 41 路好咪,也老方便个!
◇ 最近个 41 路站头辣啥地方? 勿好意思我第一趟来搿搭,麻烦侬帮我指点一下好哦?
◆ 侬要朝东一直走,碰鼻头转弯。
◇ 葛末从上海电视台再去人民广场,还有多少路啊?
◆ 近交关了,沿牢门口头个威海路走走过去也没多少辰光。

碰鼻头转弯：遇阻拐弯,走到底拐弯。

人民广场：为上海重要的地标之一,成形于上海开埠以后,原称上海跑马厅,是当时上层社会举行赛马等活动的场所。

牢：住,着。抱~勿放。

买　菜

◇ 小弟弟啊,侬来买菜啊?今朝挦眼冬笋是刚刚到个,老新鲜个,称两斤去好哦?
◆ 几钿一斤啊?
◇ 七块洋钿一斤。
◆ 哪能介贵,人家只卖六块一斤。
◇ 帮帮忙哝,根本勿好比个。侬看我个冬笋赛过是刚刚挖出来个,新鲜了勿得了,一分价钿一分货啊!
◆ 物事看上去倒蛮好,好噪眼勿啦?
◇ 小弟弟啊,我真个已经勿赚几钿了。
◆ 好好好,葛末拿个三只。侬勿要吃我称哦!

价钿:价钱。
噪:便宜。
吃称:故意缺斤短两。

购 物

◇ 小朋友侬好,侬想买啥?
◆ 我想买件衬衫,侬帮我拣拣看!
◇ 好个呀!阿拉辣搭衬衫式样蛮多个,喏,侬看看!侬想要啥颜色,啥花头个?
◆ 侬看阿里只颜色更加好看眼啊?
◇ 藏青个跟深蓝个,我觉着侪蛮好看。
◆ 我想买件藏青颜色个,最好有眼条纹辣海。
◇ 辣两件侬看看看,看上去蛮挺括个,也蛮有气派个。
◆ 辣件倒蛮好,我来寻寻看有我个尺寸哦!我要 XL 个。
◇ XL 有个。我帮侬去拿哦!侬领带要配根勿啦?一道买好打折头咪,还送只领带夹,一道配起来,勿要忒神气哦!走出去板定让人家弹眼落睛！还有,裤子要配一条勿啦？
- ◆ 领带我屋里已经有了。我觉着辣搭辣裤子蛮贵个,式样也一般性,吭没我看中个,我到别个地方去买。我就拿辣件 XL 个衬衫好了,谢谢侬哦！

花头：① 花式,花样。绒线衫个~蛮好看个。② 新奇的主意或办法。伊~老透个,一歇一只一歇一只。

挺括：① 衣服、布料、纸张等硬直平整。② 质量好,经得起检查没有缺点。

板定：一定,总归。阿拉每个礼拜~要去趟外婆屋里个。

弹眼落睛：① 眼睛瞪圆,凶狠的样子。我又没欠侬钞票,侬对我~做啥？② 醒目耀眼,吸引眼球。今朝伊个辣套衣裳倒是~个。

理 发

◇ 欢迎光临!小朋友,侬又来剪头发啦!
◆ 嗯,是个!侬今朝帮我修一修,再汏一汏。
◇ 好个,先帮侬汏。请坐上去。力道哪能?辫能轻重可以哦?
◆ 嗯,差勿多。我有眼头顶痒,侬帮我汏汏清爽哦!
◇ 侬要办张会员卡哦?下趟来好一直打折头个!
◆ 算了,勿要了。
◇ 侬头发要剪啥式样个?
◆ 就搭老早仔一样,帮我打打薄,修了好看眼,有眼层次。

汏:洗。
哦:吗,吧。

坐 出 租

◇ 侬好,请问侬去啥地方?
◆ 阿拉要去迪斯尼。
◇ 好个,要勿要走高架?
◆ 哪能方便哪能走好唻,勿要绕路就可以了。
◇ 勿会个,侬放心好唻!现在上海个交通啊,比老早好多了,高架桥四通八达,去迪斯尼有得专门个高架,内环、中环、外环、郊环贯通整个上海,还有交关新造个高架,像虹梅南路高架啊,嘉闵高架啊,真个是老便当个。
◆ 是个呀,特别是长距离,比走地面要方便交关,也好省脱交关辰光。哎,师傅啊,哪能有眼堵了啦?
◇ 哦,前头是金科路下匝道,去张江上班个车子比较多,车流量比较大。搿搭还算好哦,市区堵起来要吓煞人个,有辰光倒还是乘公共交通比较爽气。小朋友,侬哪能今朝去白相啊?

◆ 双休日人忒多了,我勿想去轧闹猛。

便当:方便。

……煞:……得很,……极了。我急~了。

轧闹猛:挤在一起凑热闹。

买火车票

◇ 阿姨,我要买火车票。我要后天去广州个票子。
◆ 侬总归要高铁咯?普通个要十几个廿几个钟头咪!
◇ 嗯,是个,我买高铁好了。高铁要几个钟头啊?
◆ 八个多钟头。早浪向个一班票子已经没了,只有下半日个了,侬要哦?
◇ 好个呀,我要三张。
◆ 是爸爸妈妈个哦?伊拉个身份证侬带过来了哦?
◇ 嗯,我带来了,喏!谢谢阿姨!

早浪向:早上。
下半日:下午。
喏:高降调,表示"给你、拿去"的意思。

寄 快 递

◇ 喂,侬好,我要寄快递!
◆ 现在要寄快递老方便个,侬微信关注阿拉个公众号,再选择"快递员上门",信息填好,快递员一个钟头之内就会得上门来取个。
◇ 快递费哪能收? 哪能支付啊?
◆ 快递费要看侬寄到阿里搭,也要看侬寄个物事多少重。支付老便当个,除脱现金,微信啊,支付宝啊,统统侪好用个。

阿里/阿里搭:哪里。侬是从~来个?

物业报修

◇ 门铃响了,外头是啥人来了啊?阿是快递啊?侬好,请问侬是阿里位,寻啥人?

◆ 小朋友侬好,我是物业个,是倻报修抽水马桶对哦?爸爸妈妈辣海哦?

◇ 伊拉正好走开。侬进来好咾。

◆ 好个,我来帮倻看看。是啥问题啊?

◇ 一直漏水,是啥地方出问题了?

◆ 橡皮垫圈老化了,里向只浮球也勿是老活络了。小朋友,倻屋里向有得老虎钳哦?我正好没带。

◇ 喏。我记得阿拉瓣只抽水马桶也好几年了,是要老化了。

◆ 嗯,下趟再出问题,我倒建议倻调新个,老个再修就老价钿了。

◇ 谢谢侬哦,师傅!既然侬来了,阿拉屋里还有眼别个问题也请侬一道帮忙看一看好哦？挢搭一只灯，总归是一歇亮一歇勿亮。

◆ 噢，是开关接触勿好，等我回去拿好工具过来帮俚修脱哦！

阿：表示是非问，是否。侬~是学生子啊？
阿里位：哪一位。
老价钿：很贵的价钱。当心眼，敲碎玻璃~了。

看 病

◇ 医生,侬好!
◆ 请坐,小朋友,侬啥个勿适意啊?
◇ 我胃痛,饭也吃勿落。
◆ 老早痛过哦?
◇ 老早也有过,就是从来呒没介结棍过。
◆ 掰趟痛了多少辰光了?
◇ 已经一个多礼拜了,一眼胃口也呒没,有辰光还想吐。
◆ 应该是胃病,侬大概平常辰光饮食休息勿规律是哦?冷饮冰水随便吃?㑚年纪轻总归勿爱惜自家个身体。我帮侬配眼药,回去要注意饮食生活规律。再勿好下趟要做胃镜了啊!
◇ 好个好个,我一定注意。掰个药哪能吃法子啊?

◆ 一日三顿,记牢一定是饭前服用,用温水过,否则就没效果了。

适意:舒服,感觉好。
结棍:① 事物厉害、着实。昨日一场雨真~。② 身体结实、强壮。辫个人身体老~个。

自我介绍

◇ 欢迎各位小朋友来参加阿拉辣趣个夏令营活动！首先阿拉来自我介绍一下,也好让大家互相认得认得。

◆ 我姓徐,叫徐梓浩,今年12岁了,我属鸡。我辣辣光明中学读预备班。我欢喜蓝颜色,我欢喜吃小笼、小馄饨。

◇ 哈哈,讲发讲发就讲到吃了。来讲讲侬个兴趣爱好?

◆ 嗯！我欢喜看书,平常辰光经常看一眼课外书。我也欢喜围棋,现在是六级。我还欢喜看看地图,所以辣趣出去,认路个事体就交拨我了！

◇ 嗯,蛮有担当个一个小朋友,也蛮冲得出个。简单讲讲倷屋里?

◆ 好个。阿拉屋里向一共有三个人,就是爸爸、妈妈还有我,爸爸属老虎,妈妈属龙。爸爸欢喜吃咖啡,妈妈欢喜吃奶茶。
◇ 嗯,讲了非常好。阿拉下头一个小朋友也来介绍介绍!

……发……发:表示动作长时间缓慢持续。伊坐辣海摇~摇~。
冲得出:能在大场面上交际、发言等,多用于对小孩、年轻人而言。

当志愿者

◇ 小朋友,侬来啦?
◆ 嗯,阿姨早,爷叔早!今朝我来敬老院做志愿者,请侬多多指教。
◇ 嗯,侬老懂事体个,哪能会得想到来做志愿者个啊?
◆ 最主要是想帮助帮助阿拉社区里个老年人,看看有啥力所能及个事体好做哦。还想听听老公公老婆婆讲上海闲话,老有腔调个,我要学习,还有也可以丰富自家个课余生活。
◇ 好个好个。葛末我先带侬参观参观阿拉个敬老院,也好让老公公老婆婆认得认得侬。乃末阿拉再看看有啥事体好拨侬做哦。
◆ 好个,谢谢爷叔,我一定认真做好!

阿姨：① 妈妈的妹妹。② 儿童称一般中青年妇女。③ 邻里妇女统称。④ 新称帮佣者。

爷叔：叔叔。

本书上海话朗读者

朱贞淼,上海大学语言学专业博士生,编写有《上海话童谣》《沪语表演初级教程》,参编有《妙趣横生上海话》《小学生学说上海话》《新上海人学说上海话》等。为上海电视台、广播电台《闲话上海滩》《轻松集结号》等多个栏目的方言顾问及嘉宾。

沈佳昕,上海市民办新复兴初级中学七年级学生,曾参与《上海话童谣》的录制工作。

徐陈灏,上海师范大学第三附属实验学校四年级学生。

扫描二维码
学说上海话